Gisela Dürr • Dr. Ursula Keicher

Meine erste Flötenschule

Weltbild

Inhalt

Über die Autorinnen 4

Liebe Eltern 5

Der Flötenzirkus 6

Flöten gibt es schon
sehr lange 8

Wie so eine Flöte aussieht .. 9

Lustige Tonspiele mit
dem Kopf deiner Flöte 10

Lange und kurze Töne 10

Die Noten 12

Die Notenlinien und
der Notenschlüssel 14

Selberzeichnen 15

So hältst du deine Flöte
richtig 16

Wie du in deine Flöte
hineinblasen musst 17

Die einzelnen Töne 17

Der Ton H 18

Der Ton A 22

Inhalt

Der Ton G 26

Laut und Leise 29

Der Ton F 32

Das Wiederholungs-
zeichen 36

Der Ton E 38

Der Takt 42

Der Ton D 46

Die Pausen 50

Der Ton C (tiefes C) 52

Das hohe C 56

Die Tonleiter 60
Wir spielen zu zweit 61

Kleines Notenrätsel 62

Dein eigenes Lied 63

Über dieses Buch 64

Über die Autorinnen

Die Autorin Dr. Ursula Keicher arbeitet als Ärztin in einer Kinderarztpraxis und schreibt in ihrer Freizeit Bücher für Kinder. Jhre Schwester, Gisela Dürr, ist Diplom-Grafik-Designerin und illustriert Kinderbücher.

Beide leben in München und spielen seit ihrer frühesten Kindheit Jnstrumente. So wie sie selbst viel Spaß an der Musik haben, brachten sie schon vielen Kindern das Musizieren bei.

Liebe Eltern

Mit dieser Flötenschule können Kinder im Vorschul- und Grundschulalter einfach und spielerisch das Flötenspiel auf der Sopranblockflöte erlernen. Zunächst entwickeln die kleinen Musikanten mithilfe von Klang- und Tonübungen ein Gefühl für ihre Flöte. Vergleiche aus dem Alltag wie Regentropfen als Beispiel für kurze Töne helfen abstrakte Begriffe anschaulicher zu machen. Die einzelnen Töne werden von Zirkustieren symbolisiert und erklärt. Der Zirkusdirektor demonstriert die Griffweise der Noten. Um das Buch altergemäß zu gestalten und die Kinder nicht zu überfordern, werden nur die 8 Töne vom tiefen bis zum hohen C mit Hilfe der deutschen Griffweise erklärt. Takt oder Pausen werden durch die Zirkusmannschaft veranschaulicht. Zahlreiche Übungen motivieren, selbst aktiv zu werden. So wird durch das Komponieren kleiner Stücke und das Malen von Musik in Form von Noten, Begeisterung und Neugierde geweckt. Lieder und Musikstücke sind einfach und kurz gehalten, dadurch sind schnelle Erfolgserlebnisse garantiert. Freche Texte spornen zum Mitsingen und Vorsingen an und machen die Melodien für Kinder anschaulich und interessant. Damit es so richtig Spaß macht, ist diese fröhliche Flötenschule bunt und witzig illustriert. Jhnen mit Jhrem Kind wünsche ich viel Spaß beim Entdecken und Erleben.

Jhre Ursula Keicher

Der Flöten-zirkus

Der Zirkusdirektor Melodikus möchte gerne lernen, wie man Flöte spielt. Alle machen mit: Der Clown, der Trommler und natürlich alle Tiere. Und du? Wenn du auch wissen willst, wie das mit dem Flötenspielen geht, musst du einfach diese Seite umblättern.

H

Flöten gibt es schon sehr lange

Die Flöte gehört zu den ältesten Holzblasinstrumenten. Früher haben sie die Menschen aus einfachen Hölzern gebaut. Jnzwischen gibt es viele verschiedene Arten. Sie bestehen teilweise auch aus Metall. Je länger sie sind, desto tiefer ist ihr Ton.
Das Längste ist das Kontrafagott, ausgerollt ist es fast 5 Meter lang.

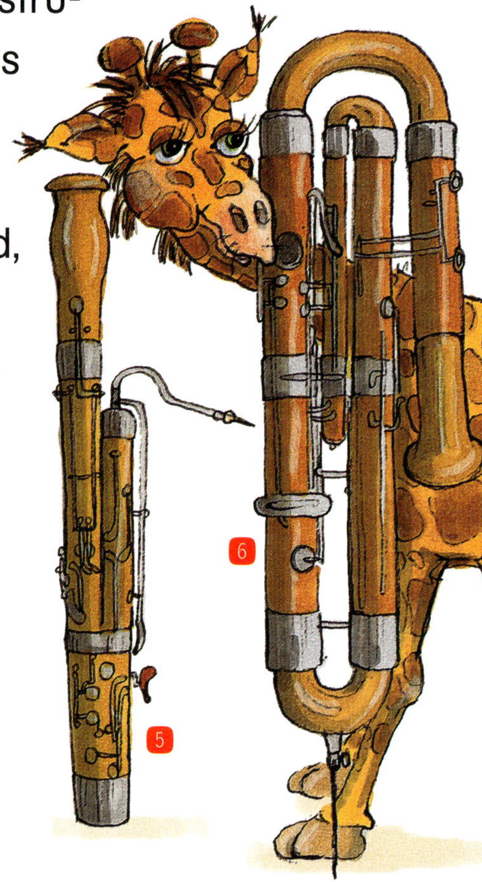

1 Sopranflöte
2 Altflöte
3 Klarinette
4 Oboe
5 Fagott
6 Kontrafagott

Wie so eine Flöte aussieht

Bevor wir mit dem Flötenspielen anfangen, schauen wir uns an, aus welchen Teilen so eine Flöte besteht:

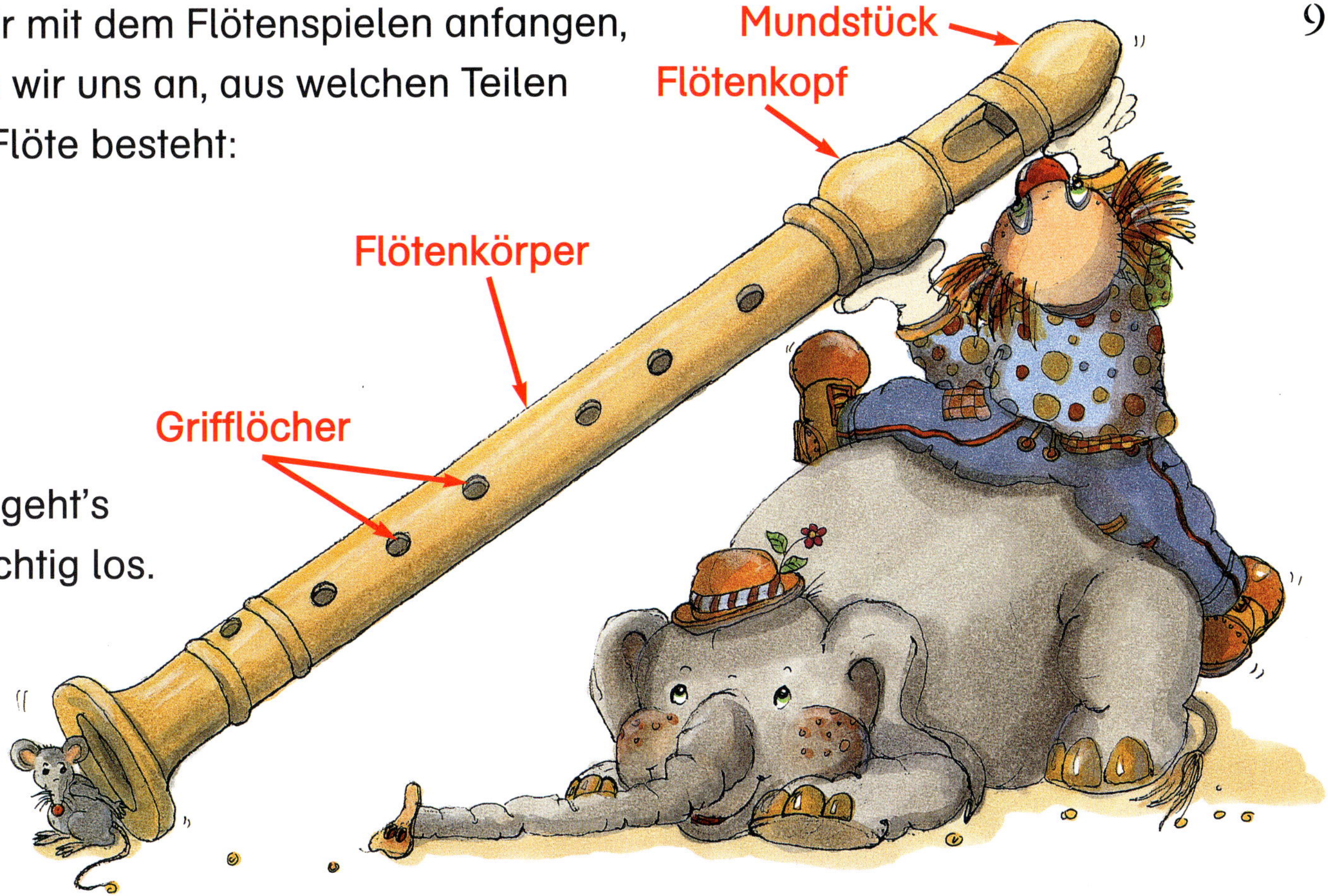

So, jetzt geht's gleich richtig los.

Lustige Tonspiele mit dem Kopf deiner Flöte

Blase doch zunächst einmal nur in das Mundstück der Flöte und halte die untere Öffnung des Flötenkopfes immer wieder mit der Handfläche deiner Hand zu. Das hört sich an wie das Kriegsgeheul eines Jndianers.

Lange und kurze Töne

Töne sind unterschiedlich lang. Das „Muh“ einer Kuh ist zum Beispiel ein langer Ton, und Regentropfen machen kurze Töne. Probiere das einmal mit deiner Flöte: Blase in das Mundstück und spiele das Kikeriki eines Hühnchens nach. Wie lang sind die einzelnen Töne? Ki, ke und ri werden kurz und das letzte ki wird lang gespielt. Fällt dir sonst noch etwas ein, was lang oder kurz klingt? Denk doch mal an den langen Freizeichenton oder die kurzen Töne des Belegtzeichens beim Telefon.

Alle meine Entchen

Singe das Lied und klatsche dazu, wie lange die einzelnen Töne sind. Die Entchen stellen die einzelnen Töne dar. Male die Entchen, die kurz gesungen werden, mit Farbstiften aus.

Al - le mei - ne Ent - chen, schwim - men auf dem See,

schwim - men auf dem See, Köpf - chen in das Was - ser,

Schwänz - chen in die Höh!

Die Noten

Jn Musikstücken und Liedern werden die Töne als Noten auf Papier aufgemalt. Sie haben einen Notenkopf und einen Notenhals, der nach oben oder nach unten zeigen kann. Kurze Töne heißen Viertelnoten und haben einen ausgemalten Kopf.

Die langen Töne heißen halbe Noten. Jhr Kopf ist nicht ausgemalt. Die halben Noten sind doppelt so lang wie die Viertelnoten. Sie dauern, wie man in der Musik sagt, 2 Schläge lang.

Der Trommler und der Elefant machen es dir vor:
Der Trommler spielt mit seinem Schlegel die Viertelnoten. Der Elefant trompetet die Halbenoten. Er muss immer so lange einen Ton anhalten, bis der Trommler zwei Töne gespielt hat. Probiert doch mal, das zu zweit nachzumachen!
Einer klatscht Halbenoten, und einer klatscht Viertelnoten. Jhr könnt auch das Lied „Hänsel und Gretel“ als Klatschübung nehmen.

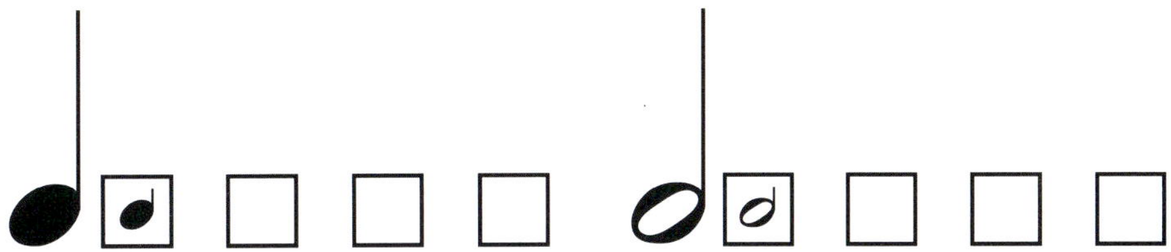

Hier kannst du selber Viertel- und Halbenoten malen.

Die Notenlinien und der Notenschlüssel

Es gibt tiefe Töne und hohe Töne und damit man weiß wie hoch ein Ton ist, haben alle Noten einen festen Platz. Wie an Wäscheleinen sitzen sie zwischen oder auf den fünf übereinander liegenden Notenlinien. Der Notenschlüssel sagt dir, dass du das Lied, in dem er vorkommt, mit deiner Flöte spielen kannst.

Selberzeichnen

Versuche selbst Noten auf und zwischen den Notenlinien zu malen.

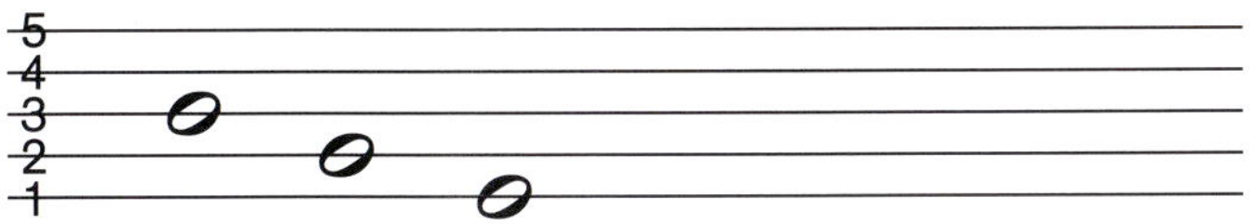

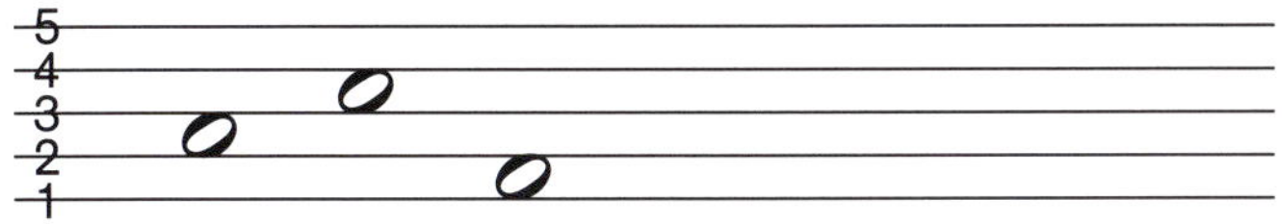

Wenn du jetzt den Notenschlüssel selbst zeichnest, achte darauf, dass sich seine Schleife immer um die zweite Notenlinie von unten kringelt.

So hältst du deine Flöte richtig

Jetzt zeigt dir der Zirkusdirektor, wie du deine Flöte halten und in sie hineinblasen musst. Halte deine Flöte so, dass die linke Hand sie oben und die rechte Hand sie unten hält. Beuge deine Finger, sodass sie ein bisschen über den Löchern deiner Flöte griffbereit sind. Der linke Daumen deckt auf der Rückseite der Flöte das hintere Griffloch zu. Der rechte Daumen liegt gegenüber dem Zeige- und Mittelfinger der rechten Hand. Beide Daumen musst du auch ein bisschen rund halten. Presse die Arme nicht an. Lass ein bisschen Luft unter den Armen.

Wie du in deine Flöte hineinblasen musst

Wenn du in deine Flöte hineinbläst, nimm nur den vorderen Teil des Mundstücks in den Mund und spanne deine Lippen etwas an, so als ob du ganz breit grinsen würdest. Versuche, beim Hineinblasen ein „Dü“ zu sprechen.

Die einzelnen Töne

Jetzt erklären die Zirkustiere und der Clown, wie man die einzelnen Töne spielen kann. Sie zeigen dem Zirkusdirektor auf einer Tafel, welche Grifflöcher seiner Flöte er dafür zuhalten muss. Die Grifflöcher sind auf der Tafel als Kreise eingezeichnet. Wo Kreise ausgemalt sind, musst du die Grifflöcher zuhalten. Der Kreis neben dem obersten Kreis stellt das hintere Daumenloch dar.

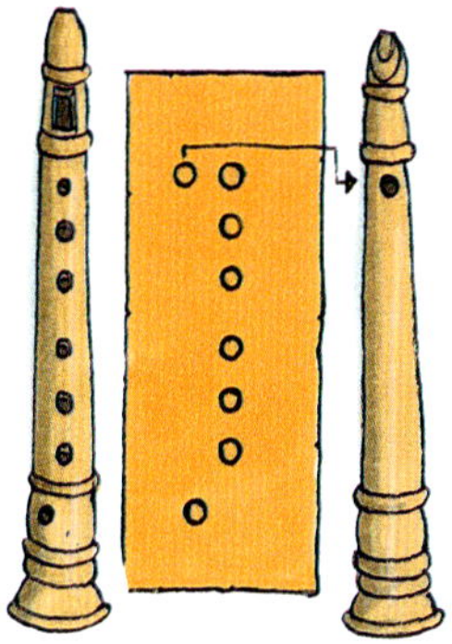

○ = offenes Loch ● = zugehaltenes Loch.

Der Ton H

Um ein H zu spielen, musst du das erste Loch mit dem linken Zeigefinger und das Loch auf der Rückseite deiner Flöte mit dem Daumen der linken Hand zuhalten.

Hase Hubert
zeigt ganz wichtig,
wie man greift
den H-Ton richtig.

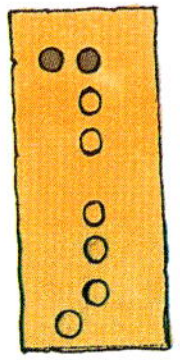

Mohrrübenlied

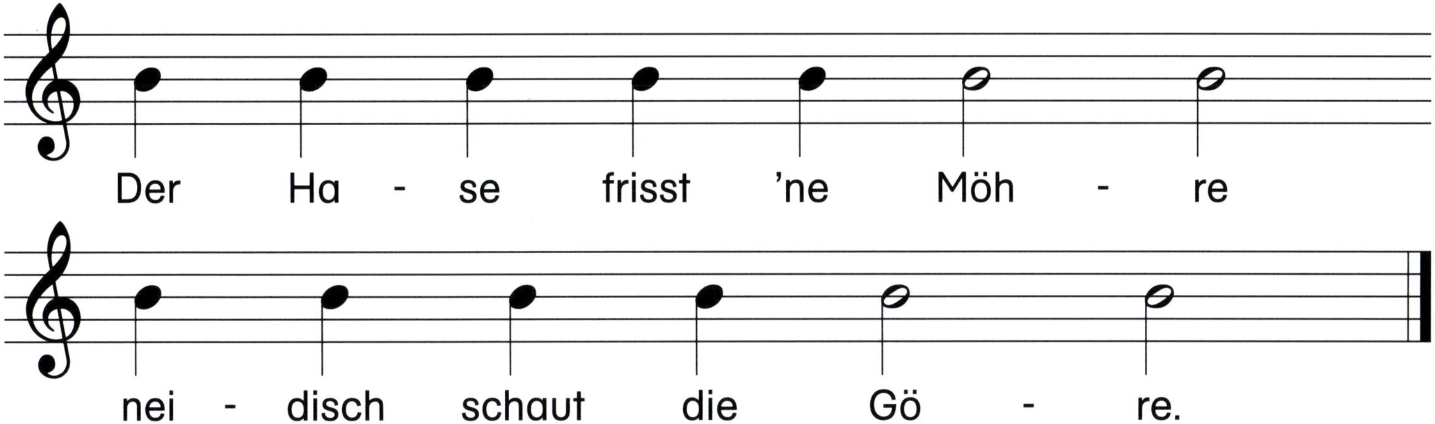

Heike, Horst und Hans

Muh, muh

Muh, muh muh muh muh, sagt die lie - be Milch-kuh. Ki - ke - ri -
ki - ki, kräht der Hahn ganz in der Früh. Quak, quak quak quak
quak quak, Ent - en sa - gen gu - ten Tag. 1 2 3 4
Mäu - se - speck, das Schwein frisst al - le Bon - bons weg.

Der Ton A

Greife erst einmal den Ton H und decke dann zusätzlich mit dem linken Mittelfinger das zweite Loch der Flöte zu.

Der Zirkusdirektor möcht spielen ein A, drum hält der Affe die Grifftabelle da.

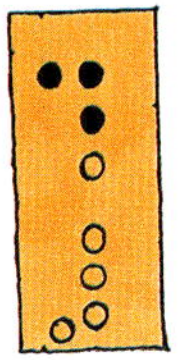

Hunde bellen

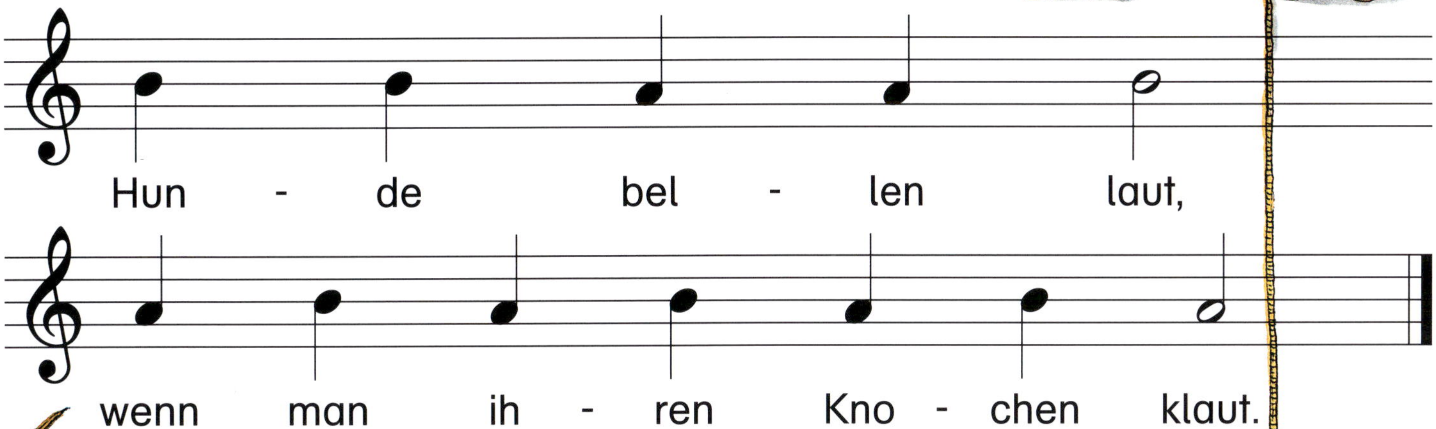

Jede Kröte

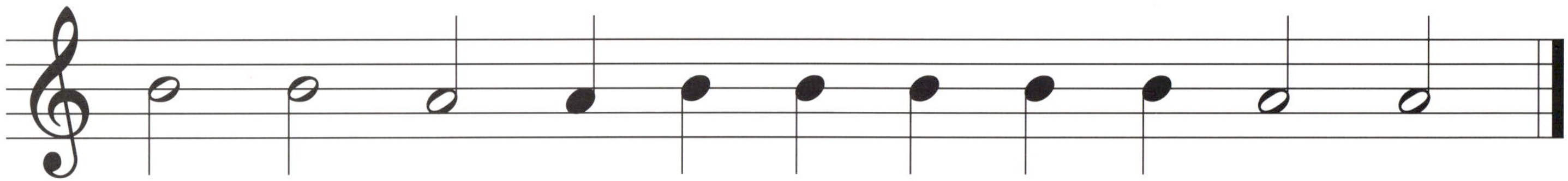

Blubb, blubb

Blubb blubb blubb, was war denn das?
Wohl ein Fisch im Was - ser - glas.

Der Ton G

Halte die Finger so, als würdest du ein A spielen wollen. Lege dann den linken Ringfinger auf das dritte Griffloch.

Frau Giraffe hält an ihrem Zeh, wie zu greifen ist das G.

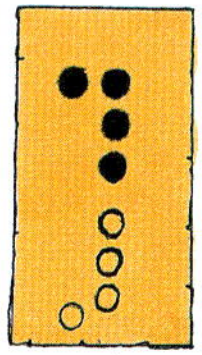

Hühnchen Giesbert

Nikoläuse

Laut und Leise

Du kannst auf deiner Flöte nicht nur hoch und tief, sondern auch laut und leise spielen. Jn manchen Musikstücken oder Liedern stehen bestimmte Zeichen unter den Noten, die dir anzeigen, ob du laut oder leise spielen sollst. Ein ***f*** wie Forte bedeutet laut spielen und ein ***p*** wie Piano steht für leise spielen. Diese beiden komischen Worte heißen nämlich auf Jtalienisch Laut und Leise.

Probiers mal aus:

1. Versuche erst einmal das Lied so laut zu spielen wie du nur kannst. Blase dabei ganz fest in deine Flöte hinein.
2. So, und jetzt spiele dasselbe Lied so leise, dass man es gerade noch hören kann. Du darfst dabei nur ganz wenig in deine Flöte blasen.

Verliebte Fische

Tausendfüßler

Der Ton F

Um ein F zu spielen, brauchst du nun auch die rechte Hand. Greife zunächst ein G und halte dann zusätzlich mit dem Zeigefinger der rechten Hand das nächste Loch zu.

Der Fuchs sagt: Jch bin
hier der Chef – ist kinderleicht
zu spielen ein F.

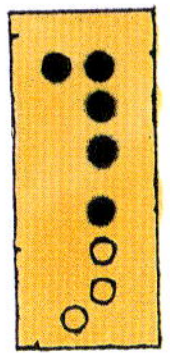

Pfau Elisabeth

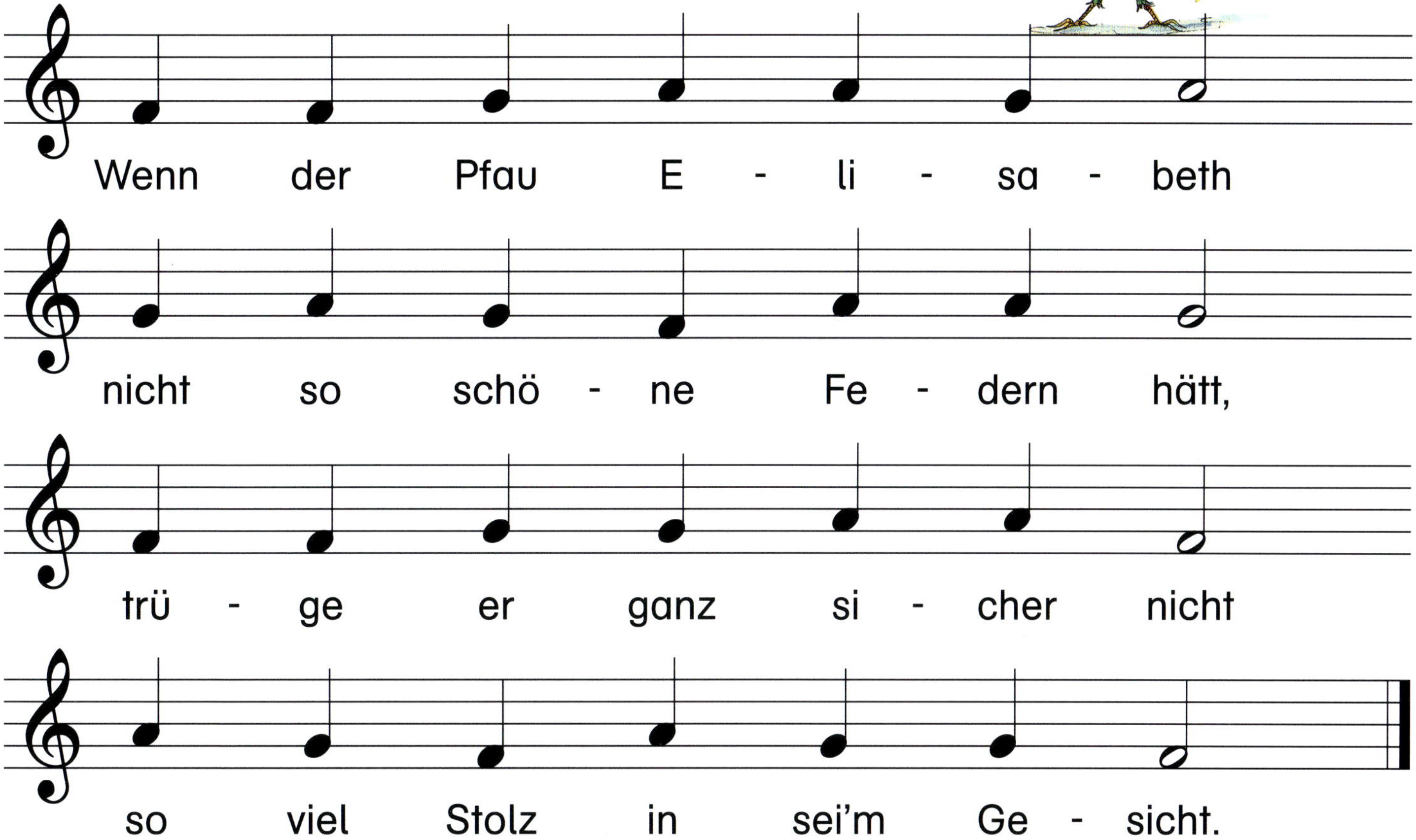

Tantenlied

Zwei al - te Tan - ten, die sich sehr gut kann-ten, fuh - ren zu Ver -
wand - ten, tran - ken dort viel Tee, jetzt tut ihr Bauch sehr weh.

Dalmatinerlied

Das Wiederholungszeichen

Ein Wiederholungszeichen sagt dir, dass du die davorstehende Melodie noch einmal spielen sollst.

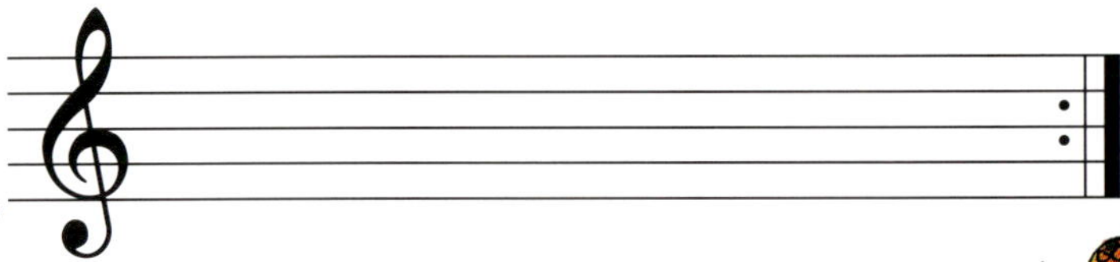

Der Hase möcht eine
Wiederholung sehn,
dabei dachten die Mäuse,
sie könnten jetzt gehn.

Pauline

Eine Schweinerei

Der Ton E

Greife ein F und halte dann mit dem Mittelfinger der rechten Hand das fünfte Loch zu.

Dem Elefant tut sein
Rüssel so weh, weil
er hält verkrampft
das Griffbild des E.

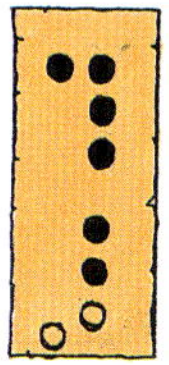

Kribbel, krabbel

Flohlied

ZOO
Ein klei - ner Floh kam in den Zoo,
man kann-te ihn schon so - wie - so,
er konn-te sehr gut tan - zen noch
bes - ser als die Wan - zen.

Osterhase

Der Takt

42 Musikstücke sind wie ein Tortenstück in einzelne gleichgroße Stücke aufgeteilt. Man nennt diese Tortenstücke in der Musik Takte. Wenn ein Tortenstück aus 4 Schlägen besteht, heißt das Viervierteltakt, abgekürzt 4/4. Nach den 4 Schlägen kommt dann ein Strich, der heißt Taktstrich. Wenn nur 3 Schläge in einem Takt sind, so bezeichnet man ihn als Dreivierteltakt, abgekürzt 3/4. Am Anfang der Noten siehst du in welchem Takt das Stück steht.

Die erste Note des Taktes wird etwas lauter gespielt, so merkt der Zuhörer, dass ein Takt beginnt. Man nennt das eine Betonung.

Probiere das mal mit „Hänschen klein“. Die Noten, die betont werden, sind orange angemalt. Klatsche dazu die Viertel- und Halbenoten.

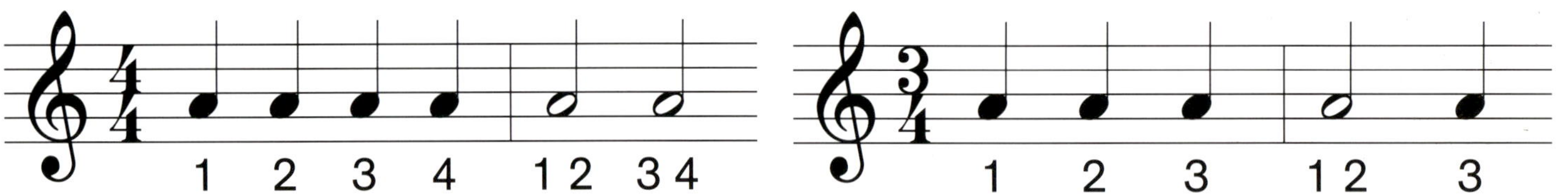

Hänschen klein

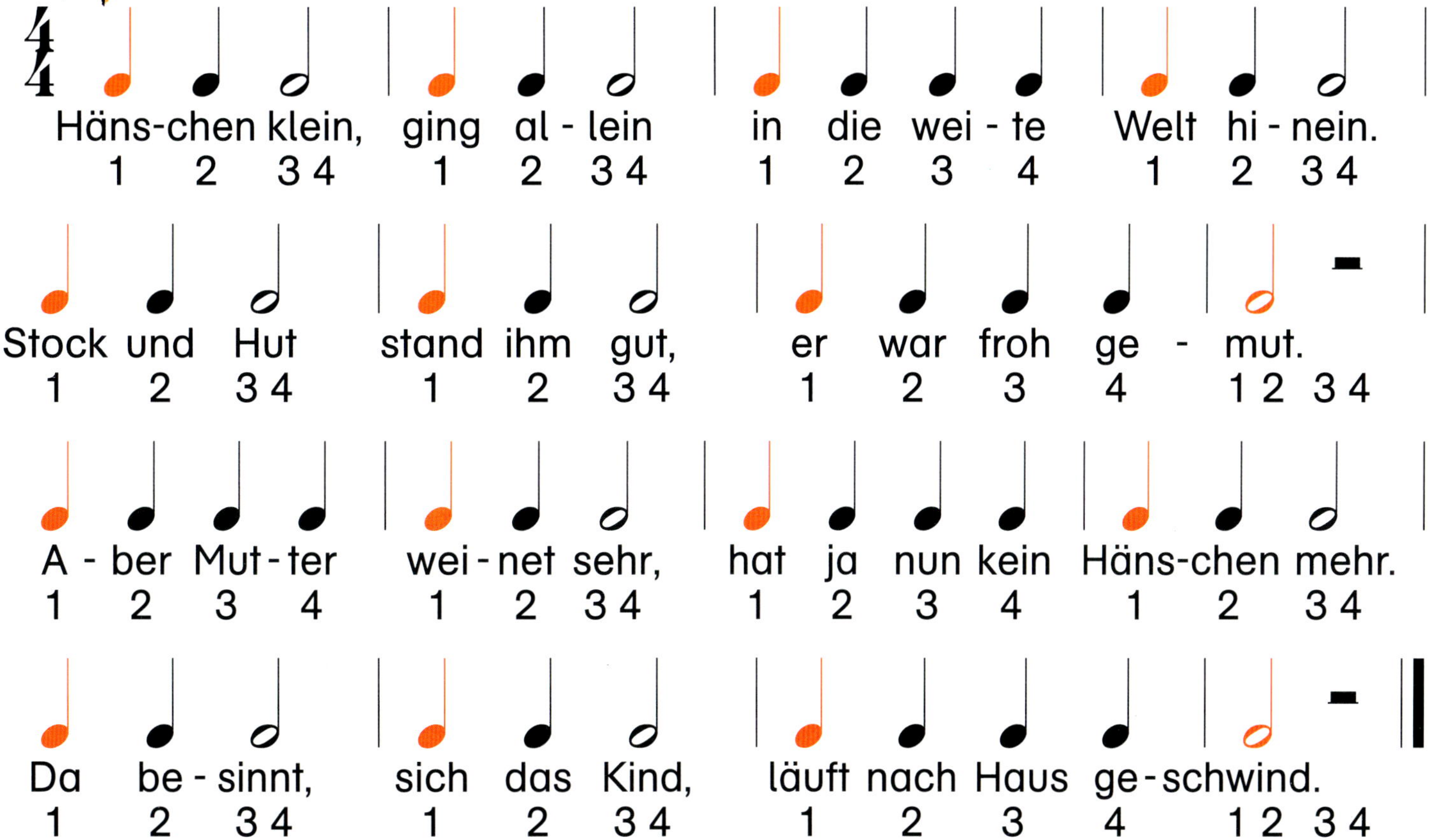

Party im Zoo

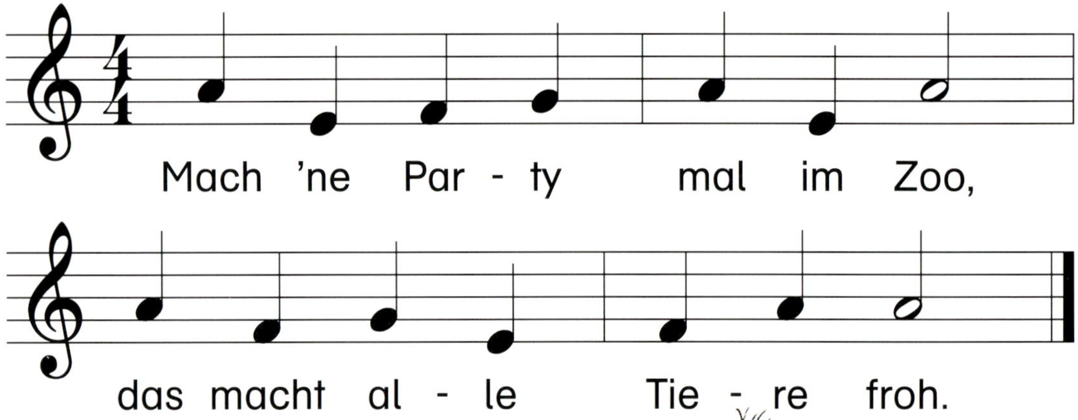

Krokodillied

Der Ton D

Halte deine Finger so, als wolltest du ein E spielen. Decke mit dem Ringfinger der rechten Hand zusätzlich das sechste Griffloch zu.

Der Dalmatiner ist im Seiltanzen spitze, deshalb balanciert er das Griffbild vom D auf der Mütze.

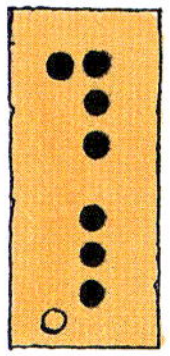

Viele Kranke Mücken

Alle Augen gehn

Ra - be An-ton schlum-mert fest, wenn er vor-her baut sein Nest.
Und auch du kannst si - cher schla-fen, wenn du schnell bis
Fün - fe zählst und dir dann ’nen Traum aus-wählst.

Die Pausen

Manchmal werden in den Musikstücken auch mal Pausen eingelegt. Diese Pausen können ebenso wie Noten kurz oder lang sein. Die Viertelpause dauert so lange wie eine Viertelnote und die halbe Pause doppelt so lange, also genauso lang wie eine halbe Note. Male selbst Viertel- und halbe Pausen.

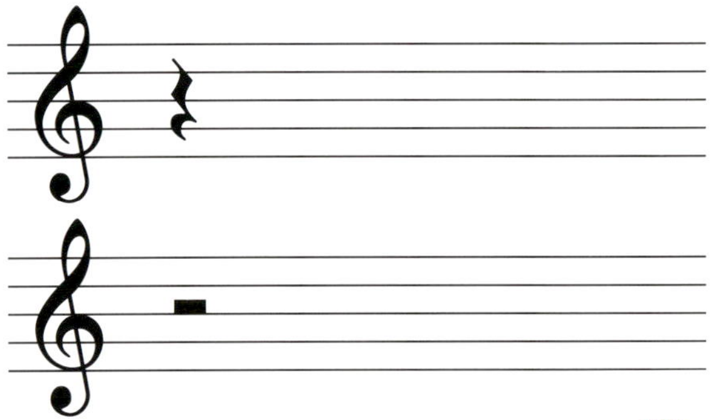

Drachen fliegen

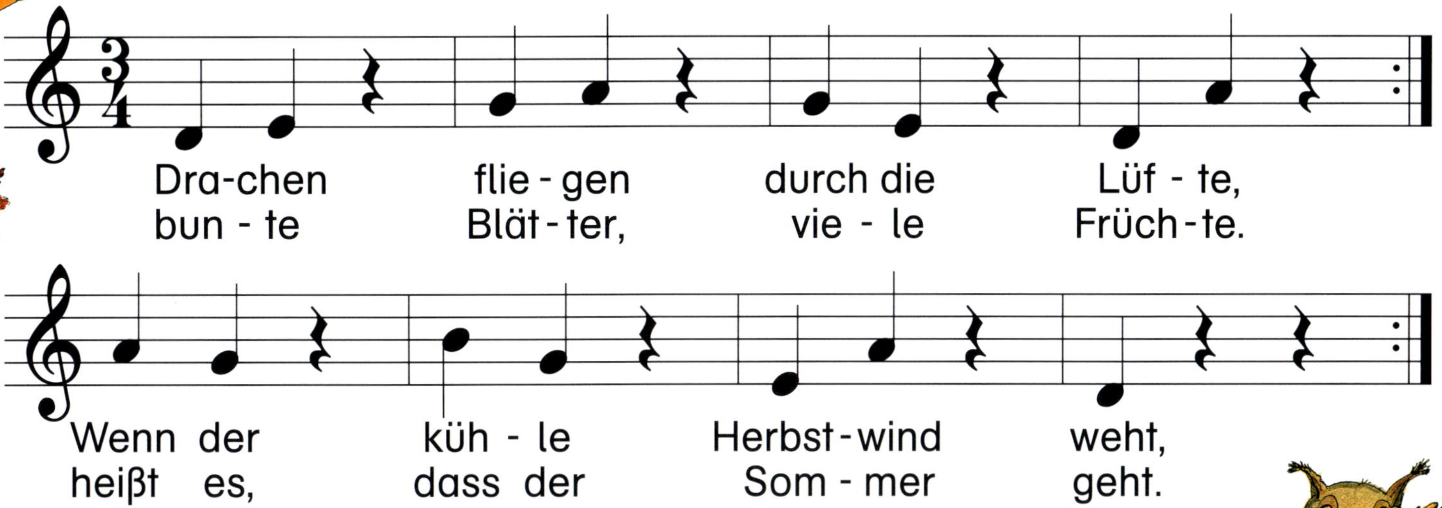

Hallo Frau Uhu

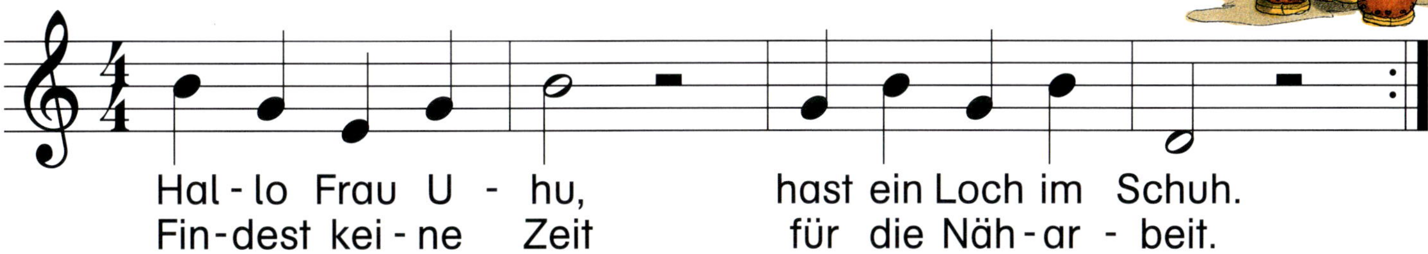

Der Ton C (tiefes C)

Um ein tiefes C zu spielen, musst du alle Löcher auf der Flöte zuhalten. Der kleine Finger der rechten Hand bedeckt das letzte, etwas schief liegende Loch.

Alle Löcher zu, der Clown, der gibt jetzt Ruh.

Kleines Zipperlein

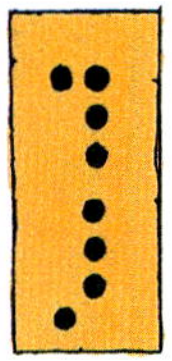

Hinter der Scheune

Liselotte

Li - se - lot - te kommt im - mer zu
spät, wenn sie in die Ar - beit geht,
tanzt den gan - zen Weg lang Tan - gos,
isst da - zu viel fri - sche Man - gos.

Das hohe C

Das tiefe C – alle Löcher zu – kennst du schon. Es gibt auch noch ein hohes C. Greif doch mal ein A und hebe den Zeigefinger hoch. Perfekt, das ist das hohe C. Jetzt schauen wir uns noch einmal die Noten auf den Linien an. Beim H wie beim hohen C zeigt der Hals nach unten.

Und dieses hohe C, das sagt jetzt auch ade. Gezeigt vom kleinen Sohn, ist es der letzte Ton.

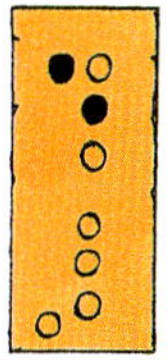

Kakadulied

Hexenlied

1. Ei - ne klei-ne He - xe war noch ziem-lich jung,
2. Ei - nes Ta-ges a - ber trieb sie es zu weit,
konn-te recht schlecht he-xen, niemand nahm's ihr krumm.
hex - te doch dem Jum-bo ein-fach hin ein Kleid.

Schlossgespenst

Die Tonleiter

60 Das hohe C liegt 8 Töne höher, als das tiefe C. Man nennt diesen Abstand eine Oktave. Alle 8 Töne hintereinander gespielt ergeben eine ganze Tonleiter.
Spielst du sie mal vor?

Wir spielen zu zweit

Das folgende Lied kannst du mit jemand anderem zusammen spielen.
Das klingt ganz toll und macht richtig Spaß.

Kleines Notenrätsel

62 Findest du heraus, was dieses Stück für eine Melodie hat? Schau dir dazu die Grifftabellen an und male die Noten auf.

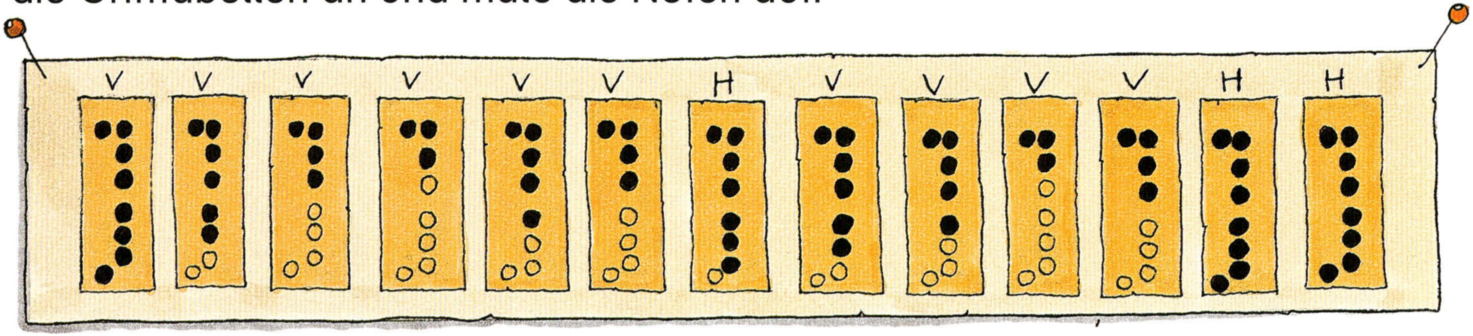

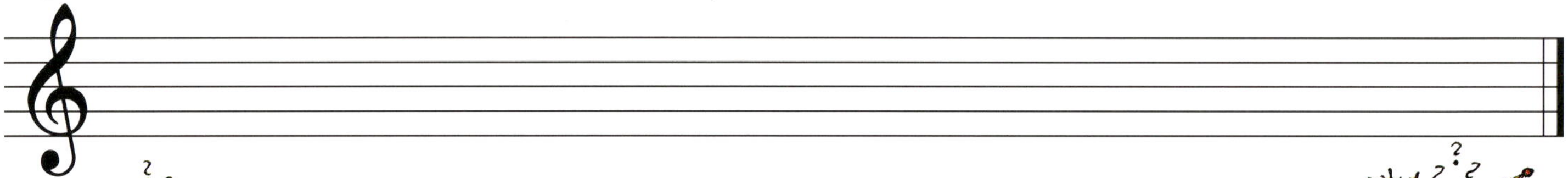

Dein eigenes Lied

Auf dieser Seite kannst du dir selbst ein Lied komponieren. Überleg dir zunächst, in welchem Takt es stehen soll. Vielleicht möchtest du auch ein Wiederholungszeichen oder ein ***p*** oder ***f*** einbauen.

Über dieses Buch

Haftungsausschluss

Die Jnhalte dieses Buches sind sorgfältig recherchiert und erarbeitet worden. Dennoch können weder die Autorinnen noch der Verlag für die Angaben in diesem Buch eine Haftung übernehmen.

Impressum

Weltbild Buchverlag

Redaktion: Monika Parzinger
Umschlag: Beatrice Schmucker
Typografie/DTP-Produktion:
AVAK Publikationsdesign, München
Notengrafik: Werner Eickhoff, Freiburg
Reproduktion: Type Work, Augsburg
Druck und Bindung: Ara-Druck GmbH & Co. KG, Stuttgart

Gedruckt auf chlorfrei gebleichtem Papier
Printed in Germany
JSBN 3-89604-654-3